M is for Mongolia

BY TRICIA READY
ILLUSTRATIONS
BY TURBURAM
SANDAGDORJ

WITHDRAWN

BILINGUAL
English &
Mongolian

ThingsAsian Kids

М үсэг бол Монгол

Трисиа Реди
Зураач Төрбурамын Сандагдорж
Англи, монгол хэлээр

M is for Mongolia

By Tricia Ready

Illustrations by Turburam Sandagdorj

Bilingual English and Mongolian

Book design by Janet McKelpin

ThingsAsian Press
San Francisco, California USA
www.thingsasianpress.com
Printed in Hong Kong
ISBN 13: 978-1-934159-27-9
ISBN 10: 1-934159-27-1

DON'T UNTIE YOUR BOOTLACES UNTIL YOU HAVE SEEN THE RIVER.

Ус үзээгүй байж гутлаа бүү тайл.

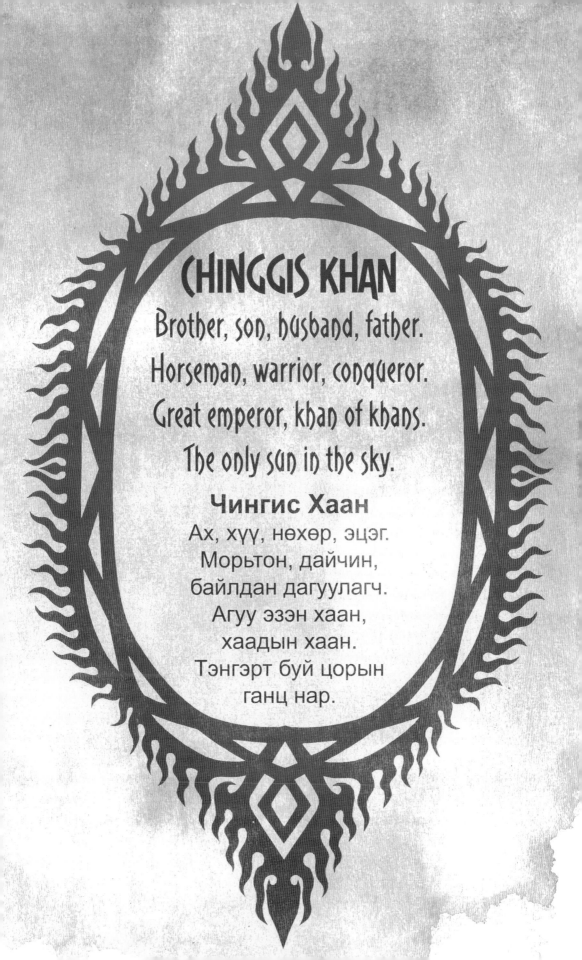

CHINGGIS KHAN

Brother, son, husband, father.

Horseman, warrior, conqueror.

Great emperor, khan of khans.

The only sun in the sky.

Чингис Хаан

Ах, хүү, нөхөр, эцэг.
Морьтон, дайчин,
байлдан дагуулагч.
Агуу эзэн хаан,
хаадын хаан.
Тэнгэрт буй цорын
ганц нар.

NINE FLAGS

Nine white horsehair flags
crowned with iron flames.
Nine trusted generals
an army sharp as spears.
Now Chinggis Khan's nine white banners
wave over peace and freedom.

Есөн хөлт туг

Есөн хөлт цагаан тугийг
төмөр хүрээнд зална.
Есөн өрлөг жанжин
жад мэт хурц цэрэг дайчдаа удирдана.
Одоо Чингис хааны есөн хөлт цагаан
туг энх тайван, эрх чөлөөнд намирна.

NADAM

Enjoy three days of festival!
Wrestling! Archery! Horseraces!
Eat, drink and celebrate
freedom for our country!

Наадам

Баяр ёслолын гурван өдрийг
тэмдэглэн өнгөрүүлээрэй!
Бөхийн барилдаан! Сум
харваа! Морины уралдаан!
Идэж уун улсынхаа эрх
чөлөөг бахархан тэмдэглэ!

Wrestlers grapple under July's sun.
Zasuul encouragers sing out praise.
Winners stay planted on two feet,
to be named "Falcon!",
"Elephant!", "Lion!"

Долоо дугаар сарын наранд
бөхчүүд барилдана.
Засуулууд магтаал ерөөл дуудна.
Түрүүлсэн бөх өвдөг шороодолгүй
"Начин", "Заан", "Арслан" цол авна.

Forty arrows race
Seventy-five meters to the round eye.
"Hit the target!" goes the cry.
And the winner's arrow does.

Дөчин сумны уралдаан
Байны гол хүртэл далан таван метр.
"Байгаа онолоо" хэмээн уухайлна.
Түрүүлсэн харваачийн сум ононо.

Children grip hard on reins
as their horses race across the grass.
A gold medal for the fastest,
hailed "Leader of Ten Thousand!"

Морьд нь хээр талаар уралдахад
хүүхэд багачууд цулбуураасаа чанга зуурна.
Хамгийн хурдан морийг алтан медалиар шагнаж
"Арван мянгатын түрүү" хэмээн магтан дуулна.

GER

When a nomad stops his home stops too,
the door always to the south
while through the "toono" in the roof
cooking smoke runs from his house.

Гэр

Нүүдэлчин буудаллахдаа гэрээ мөн буулгаж,
хаалга нь үргэлж урд зүг рүү харж
гэрийн тооноор утаа суунаглана.

TRADITIONAL DRESS

A long gown with long sleeves
bars the sun, snow and sand.
But a wide sash holds everything fast
on a horse chase across bumpy ground.

Дээл
Урт ханцуйтай урт өмсгөл
нар, цас, элсийг хааж хамгаална.
Энхэл донхолтой газар морин дэл дээр давхихад
өргөн бүс бүгдийг барьж тогтооно.

WOMAN'S HEADDRESS

A headdress found in grandmother's trunk
Woven with gold, silver, agate, pearl.

Fierce as a ram's horns.

Lovely as a bird's wings.

Бүсгүй хүний толгойн гоёл

Эмээгийн авдарт байдаг
алт, мөнгө, гартаам, сувдаар
чимэглэсэн толгойн гоёл.
хуцны эвэр шиг догшин,
шувууны далавч шиг гоёмсог.

TSAM

Dancers bear fierce and fearful masks
to spin a hundred tales and more
with whirling color and thrumming sound
of flute, tambourine and kettledrum.

Цам

Эргэлдэн хуйлрах өнгө,
бишгүүр, шигшрэг, яруу хэнгэргийн хүнгэнэн
дүнгэнэх дуунаар
зуу гаруй үлгэр туульс хайлахаар
бүжигчид догшин ширүүн,
айдас хүрэм баг өмсөнө.

MORIN KHUUR

The fiddle with the horse's head
sings like a wild horse neighing,
like a breeze skimming the grassland
and the sound of hooves on the plain.

Морин хуур

Морины толгой сийлсэн хуур хөгжим
зэрлэг адуу янцгаах мэт,
сэвшээ салхи бэлчээрт гүйн одох мэт
туурайн төвөргөөн хээр талаар
нүргэлэх мэт дуулна.

HUNTER

The wilderness, the sky, the snow...
the taloned eagle flies above.
Horseman and bird hunt together
snaring rabbit, goat, wolf and fox.

Анчин

Зэлүүд аглаг газар, тэнгэр, цас...
махийсан савартай бүргэд дээгүүр ниснэ.
Морьтон, шувуу хоёр хамтдаа
чандага, янгир, чоно, үнэгийг
зангандаа оруулж агнана.

WILD GOAT

His giant horns arch behind,
a wispy beard on his chin,
the wild goat finds balance
on a thin slice of mountain.

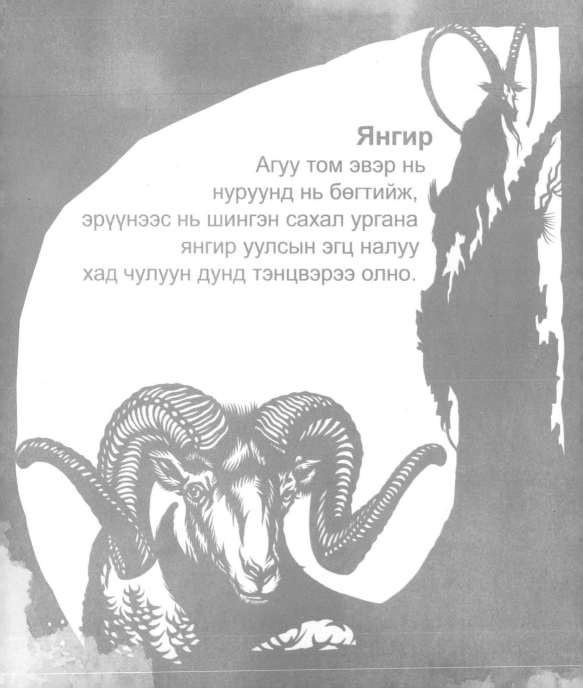

Янгир

Агуу том эвэр нь
нуруунд нь бөгтийж,
эрүүнээс нь шингэн сахал ургана
янгир уулсын эгц налуу
хад чулуун дунд тэнцвэрээ олно.

CAMEL

Threaded between two humps
goods roll across the sand
a desert of people bridged
by a strong and steady camel.

Тэмээ

Хоёр бөхний хооронд хавчуулсан
ачаа бараа элсэн дунд хөвнө
говь цөлийн зон олныг
хүч чадалтай, тогтвортой тэмээ гүүр
болж холбоно.

TURTLE ROCK
Resting on a turtle-shaped rock
visitors gaze across the plains.
People and stone rise to the sky
from a bed of wild grassland.

Мэлхий хад
Мэлхий хэлбэртэй хадан дээрээс
зочид гийчид тал хээрийг ширтэнэ.
Зэлүүд хээр талын хөндийгөөс
хүн олон, хад чулуу тэнгэр өөд тэмүүлнэ.

DINOSAUR BONES
Under the dry Gobi desert
giant reptiles rest
until hot, blowing wind
uncovers a bony treasure.

Динозаврын яс
Хуурай говь цөлд нуугдсан
аварга том хэвлээр явагч
ясан эрдэнэсийг
халуунаар үлээх салхи ил гаргана.

GANDAN MONASTERY
Within the Gandan Monastery
stands the golden Migjid Janraisig
for all eyes that see to know
freedom to worship is true treasure.

Гандан хийд
Гандан хийд дотор
алтан Мэгжид Жанрайсиг сүндэрлэнэ
бүх мэлмийн харсан шүтэн бишрэх
эрх чөлөө бол үнэхээр эрдэнэ мөн.

KHUBSGUL LAKE

On a long and ancient lake,
Mongolia's Mother Sea,
our nation's single ship sails
over water fresh and deep.

Хөвсгөл нуур

Монголын далай ээж болсон
өргөн уудам, эртний нууранд
манай орны цорын ганц усан онгоц
гүн, цэнгэг усанд аялан хөвнө.

TSAATAN

Children of the reindeer people
grow up herding, milking, riding,
following the heavy antlers
through forests of moss and lichen.

Цаатан

Цаатангуудын хүүхэд багачууд
цаа бугаа хариулж, сааж, унаж өсөн
хүнд эврийг нь
хөвд, хаг өвсөн дунд дагана.

MONGOLIAN EDELWEISS

Furry snow white flowers
bloom in emerald meadows,
a carpet of edelweiss,
for the rugged steppes.

Монгол цагаан уул цэцэг
Үслэг цасан цагаан цэцэг
тунгалаг ногоон нугад дэлбээлж,
цагаан уул цэцгэн хивс
хад чулуут талыг гоёно.

SUKHBAATAR SQUARE
The hero of the revolution
astride his noble horse,
a grand and stone carved memory
announcing, "Independence!"

Сүхбаатарын талбай
Сүрлэг морио унасан
хувьсгалын баатар,
чулуунд сийлсэн агуу түүх
"Тусгаар тогтнол" хэмээн зарлан тунхаглана.

YAK

High above the tree line
yak graze on snow-spotted grass
ready to pull wood carts
heavy with cheese, milk and wool.

Сарлаг

Өндөр уулсын оройд сарлаг
цасанд хучигдсан өвс зулгааж
бяслаг, сүү, ноос ачсан
модон тэргийг чирэхэд бэлэн.

OBO

A heap of rocks and twigs
wearing scraps of blue cloth
points to the blessing
of open sky and mountain.

Овоо

Овоолсон хад чулуу, модны мөчирт
өлгөсөн хадаг яндар
зах хязгааргүй тэнгэр, уулсын
адис ерөөлийг билэгдэнэ.

HOHUUR

Hanging from a wooden arch
mare's milk fills a cow hide bag,
bubbling, souring, fermenting,
a favorite drink to share with friends.

Хөхүүр

Модон нумнаас өлгөөтэй
үхрийн ширэн уутанд
хөөсрөн исэж эссэн айраг бол
найз нөхөдтэй уухад сайхан ундаа.

MONGOLIAN PETROGLYGH

Chiseled, etched and scratched
into smooth bedrock and boulders,
from pictures carved in stone,
springs a tale of ancient hunters.

Монгол хадны сүг зураг

Мөлгөр толигор хад, үхэр чулуунд
цүүцэлж, сийлж, зорж зурсан
зургууд эрт дээр үеийн
анчдын тухай өгүүлнэ.

MONGOLIAN CALLIGRAPHY

A calligrapher hears music
as he writes in ancient ways,
moving top to bottom and clockwise
his words are music on the page.

Монгол уран бичлэг

Уран бичээч дээрээс доош,
цагийн зүүний дагуу
эртний бичгээр бичихдээ
аялгуу хөгжим сонсож
үгсээ хуудсан дээр аяс болгон буулгана.

CIRCUS

Contortionists bend and twist
standing on their fingertips
while tightrope walkers balance careful steps
above animal acts and magic tricks.

Цирк

Уран нугараачид өлмий дээрээ зогсон
нугарч тахийхад
олсон дээр явдаг хүмүүс
амьтны үзүүлбэр, илбийн дээгүүр
болгоомжтой тэнцвэрээ олно.

THE END
Төгсөв

SOYOMBO

The Soyombo is the national symbol of Mongolia.
Do you see the fire, growing like a people?
Do you see the sun and moon, eternal, always with us?
Do you see the downward spears defeating our enemies?
Do you see the roof and floor, walls on either side?
Honesty, justice, unity and strength are the
house in which the people live.

Соёмбо

Соёмбо бол Монгол улсын үндэсний билэг
тэмдэг юм. Чи ард түмнээрээ мандан бадрахыг
бэлгэдсэн галыг харж байна уу? Чи бидэнтэй
үүрд мөнхөд хамт байх нар, сарыг харж байна
уу? Чи манай дайснуудыг даран сөнөөдөг
доошоо харсан жадыг харж байна уу? Чи хоёр
талд байгаа дээвэр, шал, ханыг харж байна уу?
Чин сэтгэл, шударга ёс, эв нэгдэл, хүч чадал
бол ард олны амьдран суудаг гэр орон юм.

TRICIA READY

Tricia Morrissey Ready lives in San Francisco, California, a very long way from Mongolia. She comes from a family of explorers who taught her to enjoy learning about all kinds of people, whether they live next door or far, far away. When not writing, she spends her days reading, talking with friends, and baking cookies. Tricia shares her adventures with a funny husband and two wonderful children.

Трисиа Реди

Трисиа Мориси Реди Монголоос маш хол Калифорни муж улсын Сан Франциско хотод амьдардаг. Тэрээр хөрш зэргэлдээ эсвэл алс хол амьдардаг эсэхээс үл хамааран янз бүрийн хүмүүсийн тухай олж мэдэх нь ямар сонирхолтой болохыг зааж сургасан судлаач гэр бүлээс гаралтай юм. Зохиол ном бичээгүй үедээ ном уншиж, найз нөхөдтэйгээ яриа өрнүүлж, боов бялуу хийж өдрийг өнгөрүүлдэг. Трисиа амьдралд тохиолдох адал явдлаа хөгжилтэй нөхөр, хоёр хөөрхөн хүүхэдтэйгээ хуваалцдаг.

TURBURAM SANDAGDORJ

Born into a family of artists in Ulaanbaatar, Mongolia, Turburam has been described as the man with his magic scissors. Mongolia's past and present is magically captured in Turburam's images. He portrays his own history and legacy in astonishing detail in his papercuts.

A graduate of the College of Fine and Decorative Arts and the National University of Design, he has won numerous awards including 1st prize in the book illustration competition for the 750th Anniversary of "The Secret History of The Mongols". A Laureate of the Mongolian Artists Union and an Academic of the Chinggis Khaan Academy, his work has been exhibited in Ulaanbaatar, as well as Germany, Japan, Lithuania, Norway, and Poland.

Сандагдоржийн Төрбурам

Монгол улсын Улаанбаатар хотод зураач гэр бүлд төрсөн Төрбурамыг шидэт хайчтай хүн гэдэг. Төрбурамын зурагт Монголын өнгөрсөн, ирээдүй үлгэрийн юм шиг буудаг билээ. Тэрээр түүх, өв уламжлалаа хайчилбартаа гайхамшигтай нарийн тусгаж дүрсэлдэг.

Дүрслэх урлагийн коллеж, Дизайны дээд сургуулийг төгссөн тэрээр "Монголын нууц товчооны" 750 жилийн ойд зориулсан номын чимэг зургийн уралдааны тэргүүн байр гээд олон шагнал хүртсэн. Монголын урчуудын эвлэлийн хорооны шагналт, Чингис хааны академийн академич бөгөөд уран бүтээлийн үзэсгэлэнгээ Улаанбаатар хот, мөн Герман, Япон, Литва, Норвеги, Польш улсад гаргаж байсан.

THINGSASIAN PRESS *Experience Asia Through the Eyes of Travelers*

THINGSASIAN KIDS: A WORLD OF STORIES

To children, the world is a multitude of stories waiting to be told. From the moment they can ask "Why," their curiosity is unquenchable and travels beyond all borders. They long to know how other children live, what they eat, what games they play. They become lost in pictures of other countries and as they gaze, their imaginations take them there. Places they learn about become part of their internal landscape and remain there, long after they grow up.

Recognizing the amazing capacity to learn that exists in childhood, ThingsAsian Kids offers nourishment for young imaginations, accompanied by facts that feed young minds. Bilingual texts and vivid illustrations provide an enticing view of other languages, other cities, other parts of the globe. Children who discover ThingsAsian Kids books learn to explore differences and celebrate diversity, while the excitement of the world unfolds before them with every turn of the page.

A knowledge and an understanding of other nations and their cultures has never been as important as it is today. ThingsAsian Kids is dedicated to making books that will help children hold the farthest corners of the world in their hands, in their minds, and in their hearts.

thingsasiankids.thingsasian.com

WITHDRAWN

More Titles from ThingsAsian Press:

M is for Myanmar
By Elizabeth Rush;
Illustrations by Khin Maung Myint
An English-Burmese Bilingual Book

H is for Hanoi
By Elizabeth Rush
Illustrations by Nguyen Nghia Cuong
An English-Vietnamese
Bilingual Book

B is for Bangkok
By Janet Brown;
Illustrations by Likit Q Kittisakdinan
An English-Thai Bilingual Book